Casos extremos
de luz solar

Dona Herweck Rice

✹ Smithsonian

Autora contribuyente

Jennifer Lawson

Asesores

William Fitzhugh
Arqueólogo
National Museum of Natural History

Sharon Banks
Maestra de tercer grado
Escuelas Públicas de Duncan

Créditos de publicación

Rachelle Cracchiolo, M.S.Ed., *Editora comercial*
Conni Medina, M.A.Ed., *Redactora jefa*
Diana Kenney, M.A.Ed., NBCT, *Directora de contenido*
Véronique Bos, *Directora creativa*
Robin Erickson, *Directora de arte*
Michelle Jovin, M.A., *Editora asociada*
Caroline Gasca, M.S.Ed., *Editora superior*
Mindy Duits, *Diseñadora gráfica superior*
Walter Mladina, *Investigador de fotografía*
Smithsonian Science Education Center

Créditos de imágenes: pág.4 (inferior) Nationalmuseum, Stockholm; págs.14–15 ImageBroker/Alamy; pág.18 (inferior) James Gabbert/iStock; pág.19 (inferior, izquierda) Wellcome Images/Science Source; pág.20 (inferior), pág.21 (inferior) Polarman/Shutterstock; págs.26–27 Arctic Images/Alamy; todas las demás imágenes cortesía de iStock y/o Shutterstock.

Smithsonian

Teacher Created Materials

5301 Oceanus Drive
Huntington Beach, CA 92649-1030
www.tcmpub.com
ISBN 978-0-7439-2642-3
© 2020 Teacher Created Materials, Inc.
Printed in Malaysia
Thumbprints.25941

Contenido

Luz y oscuridad

En el pasado, la mayoría de las personas se despertaban con la luz del sol. Se iban a dormir cuando el sol se ponía. Vivían sus vidas siguiendo la salida y la puesta del sol.

El fuego y las velas los ayudaban a estar despiertos cuando no había luz solar. Las lámparas de gas y las luces eléctricas ayudaron aún más. Hoy en día, no dependemos de la luz del sol para trabajar y jugar. De todos modos, el sol afecta la manera en que vivimos. Pero ¿qué podría pasar si el sol nunca se pusiera? Y ¿si la oscuridad no se fuera?

Un joven lee a la luz de una vela.

Un agricultor trabaja en la oscuridad.

Un excursionista usa una linterna
de minero para ver en la oscuridad.

El día y la noche

El sol despierta a la mayoría de las personas cada día. Les avisa que el día está comenzando. El sol puede hacer que afuera haya luz y calor. A lo largo del día, el sol sube en el cielo. A medida que el sol se eleva, el cielo se vuelve más claro. Alrededor del mediodía, el sol llega a su altura máxima.

Poco a poco, el sol comienza a ponerse. Cuando eso sucede, sabemos que es hora de empezar a prepararnos para dormir. Cuando llega la noche, el mundo se ve oscuro.

Esta es la ciudad de Los Ángeles de día.

Esta es la ciudad de Hong Kong de noche.

Cuando el sol despierta a quienes viven en Los Ángeles, en Hong Kong la gente se está yendo a dormir.

El día y la noche suceden debido a la relación entre la Tierra y el Sol. La Tierra tiene una línea imaginaria que pasa por su centro. Esa línea se llama **eje** de la Tierra. La Tierra **rota** sobre su eje. Completa una vuelta cada 24 horas. Imagina una silla giratoria que da vueltas sobre la barra que la sostiene. Esto es muy parecido.

A medida que la Tierra rota sobre su eje, una parte del planeta queda frente al Sol. La otra parte queda oculta. En la parte que queda frente al Sol es de día. En la otra parte es de noche. El día y la noche cambian a medida que la Tierra rota.

La mayoría de las personas están activas durante el día.

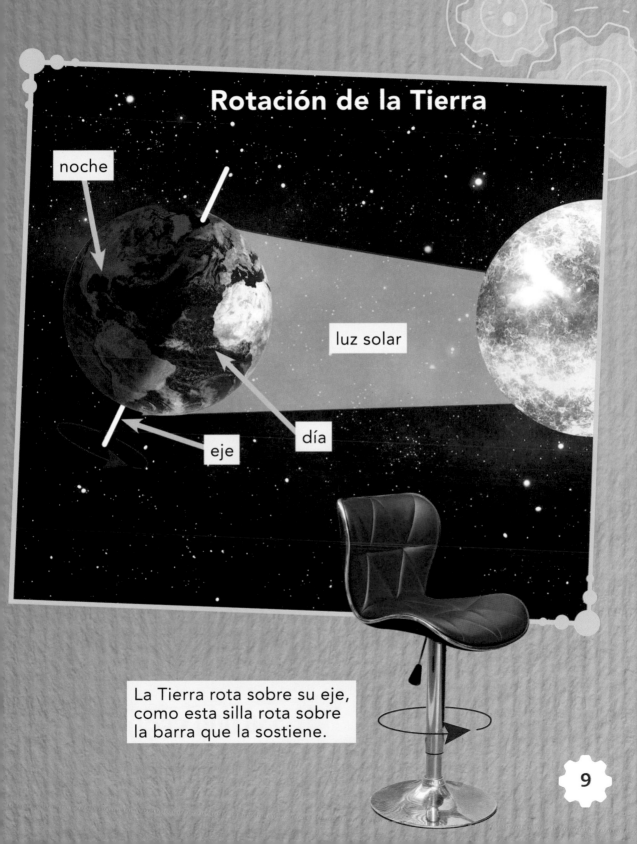

Rotación de la Tierra

noche

luz solar

día

eje

La Tierra rota sobre su eje, como esta silla rota sobre la barra que la sostiene.

A medida que la Tierra rota sobre su eje, también gira en **órbita** alrededor del Sol. Eso significa que sigue un camino alrededor del Sol. La Tierra tarda un poco más de 365 días en completar una sola órbita. Eso equivale a un año.

La rotación de la Tierra sobre su eje nos da los días. La órbita de la Tierra alrededor del Sol nos da los años.

Estos carteles muestran a cuánto equivale un año en diferentes unidades de tiempo.

1 AÑO

12 MESES

52 SEMANAS

365 DÍAS

8760 HORAS

525,600 MINUTOS

31,536,000 SEGUNDOS

La órbita elíptica de la Tierra

Una órbita ovalada

La órbita que sigue la Tierra alrededor del Sol tiene forma de óvalo. Esta forma es **elíptica**. El Sol no está en el centro del óvalo. En cambio, está más cerca de un extremo que del otro. La Tierra se mueve un poco más rápido cuando está más cerca del Sol.

La Tierra está inclinada en su órbita alrededor del Sol. Esto sucede porque su eje está inclinado. Debido al eje inclinado, el norte recibe mucha luz solar durante parte del año. No hay oscuridad durante días. Al mismo tiempo, el sur no recibe mucha luz solar. No hay luz durante días.

Cuando la Tierra está en un punto diferente de su órbita, la luz y la oscuridad cambian. En el sur hay mucha luz. En el norte hay oscuridad.

Una niña se divierte a la luz del día.

La órbita de la Tierra

El norte se aleja del Sol y queda en la oscuridad.

El norte se inclina hacia el Sol y recibe luz.

Cambio de estaciones

Las estaciones de la Tierra cambian según cómo está inclinado el planeta. Cuando el **polo** norte de la Tierra se inclina hacia el Sol, es verano en el norte e invierno en el sur. Sucede lo contrario cuando el polo norte se aleja del Sol.

Vivir en la luz

Las horas de luz pueden ser maravillosas. Pueden mejorar el estado de ánimo de las personas y ayudarlas a ser **positivas**. Pero hay lugares del mundo donde la luz del día no se va. En esos lugares, no hay noche cerrada durante días o incluso meses.

Así es la vida en los círculos polares ártico y antártico. El círculo polar ártico es la parte de la Tierra que está más al norte. La tierra que está dentro del círculo se conoce como la tierra del sol de medianoche. El círculo polar antártico es la parte de la Tierra que está más al sur. Ambos círculos tienen largos períodos en los que el sol no se pone nunca.

círculo polar ártico

círculo polar antártico

Un hombre mira el sol de medianoche en Noruega.

Polo norte

OCÉANO GLACIAL ÁRTICO

I. de Ellesmere

Svalbard (NORUEGA)

Groenlandia (DINAMARCA)

R U S I A

ISLANDIA

FINLANDIA

SUECIA

NORUEGA

LET.

RUS.

DINAMARCA

Más de cuatro millones de personas viven dentro del círculo polar ártico.

El círculo polar ártico

Algunas partes de Alaska están en el círculo polar ártico. Los días de verano son largos. ¡Una ciudad llamada Fairbanks recibe 21 horas seguidas de luz solar el día más largo del año! Barrow es la ciudad que está más al norte del estado. También tiene días largos. De hecho, tiene más de 80 días seguidos de luz solar.

Los habitantes de Barrow aprovechan la luz al máximo. Pero, a la hora de dormir, tienen que usar algunos trucos. Algunos incluso usan gafas de sol a la noche para engañar la vista.

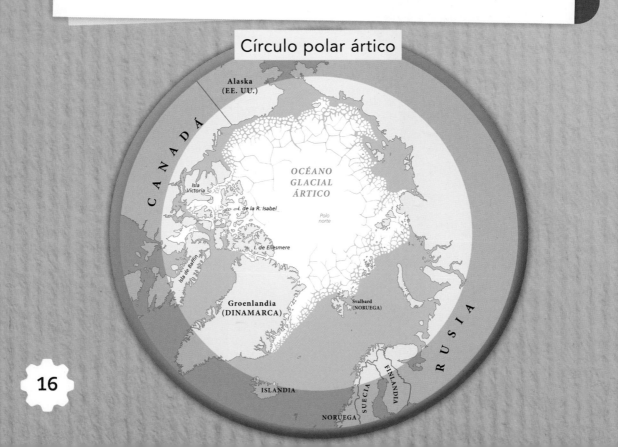

Círculo polar ártico

Una mujer duerme con un antifaz para que su habitación parezca oscura.

cortinas oscuras

Cortinas oscuras

Otro truco es usar cortinas oscuras. Estas cortinas bloquean toda la luz y hacen que parezca de noche. Ayudan a las personas a descansar. Dormir muy poco hace mal a la salud. Pero las cortinas oscuras engañan a la mente y ayudan al cuerpo a descansar.

Quienes viven en Inuvik, Canadá, también reciben mucha luz solar. Inuvik también está dentro del círculo polar ártico. En Inuvik, el sol de verano brilla durante casi dos meses seguidos.

El cambio de la oscuridad a la luz ocurre rápido. Los cambios en el estado del tiempo también pueden ser rápidos. Un día, puede hacer frío y nevar. El día siguiente puede ser caluroso y soleado. Quienes viven allí tienen que estar listos para todo. Es posible que necesiten usar paraguas un día y ventilador al siguiente.

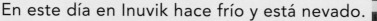
En este día en Inuvik hace frío y está nevado.

Quienes viven en la tierra del sol de medianoche pueden nadar de noche. ¡Pero deben tener cuidado de no quemarse con el sol!

Alaska
(EE. UU.)

CANADÁ

Inuvik

OCÉANO
GLACIAL
ÁRTICO

I. de
Banks

Isla
Victoria

I. de la R. Isabel

En Inuvik, las personas solían usar anteojos de madera como estos para proteger los ojos del sol.

El círculo polar antártico

Al otro lado del planeta está el círculo polar antártico. Las tierras que están en el círculo polar antártico reciben sol durante días. Pero es muy difícil vivir allí. Hasta los veranos son fríos. Crecen muy pocas cosas. Y es difícil conseguir provisiones.

Solo unos pocos miles de personas viven en el círculo polar antártico cada verano. Un grupo mucho más pequeño se queda durante el invierno. La mayoría son científicos. Hacen investigaciones. Es más fácil hacer investigaciones a la luz del sol.

Una científica investiga el agua en el círculo polar antártico.

Mar del Rey Haakon VII

Mar de Weddell

Mar de Bellinghausen

Círculo polar antártico

OCÉA

ÍND

Mar de Amundsen

Mar de Ross

Un científico estudia unas fotos a la luz del sol.

Vivir en la oscuridad

Mientras algunos lugares tienen luz del día continua, otros tienen oscuridad. Las noches no terminan. Esas noches se llaman noches polares. Puede haber más de 60 noches polares en Barrow, Alaska, cada invierno. ¡Las noches polares duran seis meses en el polo norte! En realidad, cerca de la mitad de ese tiempo hay **crepúsculo**. Pero, durante unos tres meses, se vive en completa oscuridad.

Con el tiempo, se intercambian la luz y la oscuridad en esos lugares. El día largo se convierte en una noche larga, o la noche larga se convierte en un día largo. Por eso, la gente tiene que acostumbrarse a vivir de otra forma.

Esta foto muestra el crepúsculo durante una noche polar en Finlandia.

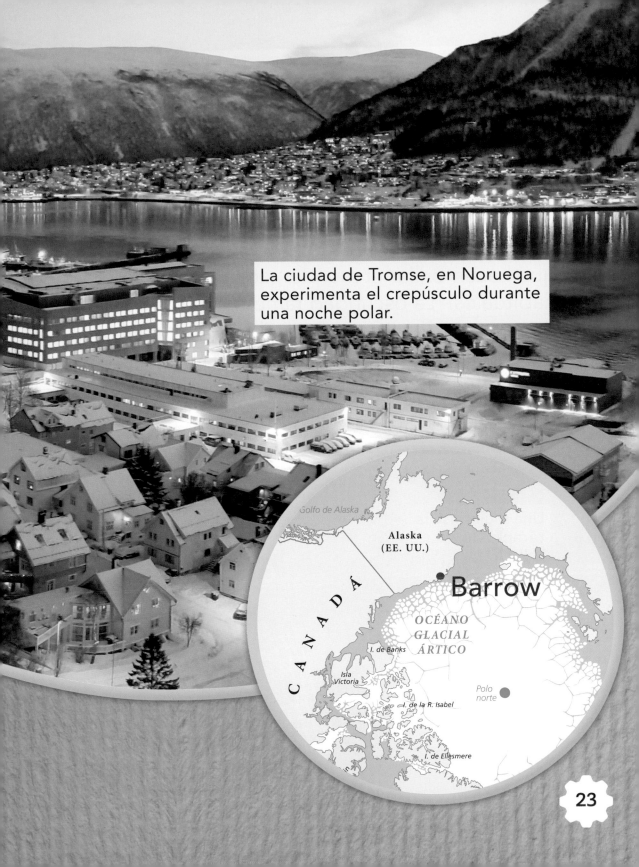

La ciudad de Tromse, en Noruega, experimenta el crepúsculo durante una noche polar.

Golfo de Alaska

Alaska
(EE. UU.)

CANADÁ

Barrow

OCÉANO
GLACIAL
ÁRTICO

I. de Banks

Isla
Victoria

I. de la R. Isabel

Polo
norte

I. de Ellesmere

Algunas personas usan la **terapia** de luz para poder vivir en la oscuridad. En esta práctica se usan luces brillantes para que parezca de día. Eso ayuda al cuerpo a recuperarse.

Pero la oscuridad no siempre es mala. Así como el día puede ser genial, la noche también puede ser divertida. La gente enciende velas, que hacen brillar el mundo. Los **festivales** son habituales. La oscuridad también ayuda a las personas a descansar. Es fácil calmar la mente y dormir cuando cae la noche. El cuerpo y la mente necesitan descansar. La noche es un buen momento para la tranquilidad y el descanso.

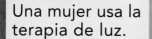
Una mujer usa la terapia de luz.

Estas casas pintadas de colores brillantes en Noruega se destacan contra el cielo oscuro.

Días brillantes

Quienes viven en lugares con noches polares también engañan a su cuerpo. Algunas personas pintan sus casas de colores brillantes para dar más luz a la oscuridad. Otras usan lámparas que funcionan como pequeños soles. Esas luces brillantes engañan a la mente para que piense que hay luz del día.

En busca de soluciones

Todos vivimos con luz y oscuridad. La diferencia es cuánto dura la luz.

No importa dónde vivan las personas, se adaptan a lo que hay. Aprovechan al máximo la luz y la oscuridad. Encuentran maneras de vivir así. Pueden ser felices igual. Tal vez necesiten un poco de creatividad para llevar luz a la oscuridad u oscuridad a la luz, pero hay soluciones. Puede bastar una sola idea "brillante" para pasar de un día perfecto a una noche perfecta.

Unas personas en Islandia corren bajo una lluvia de polvo de colores brillantes.

Unos fotógrafos toman fotos del sol de medianoche en Islandia.

Unas personas disfrutan la luz del sol de medianoche.

DESAFÍO DE CTIAM

Define el problema

Las personas que viven en la tierra del sol de medianoche necesitan tu ayuda. Quieren sombra para poder hacer ejercicio en los días calurosos de verano. Te han pedido que hagas una visera que los ayude a bloquear la luz solar.

 Limitaciones: Solo puedes usar palitos para manualidades, pajillas, tubos de toallas de papel, pegamento, cinta adhesiva, cordel, tijeras y cartón.

 Criterios: Tu modelo debe mantener cubierta la cara de un amigo mientras hace ejercicios sencillos.

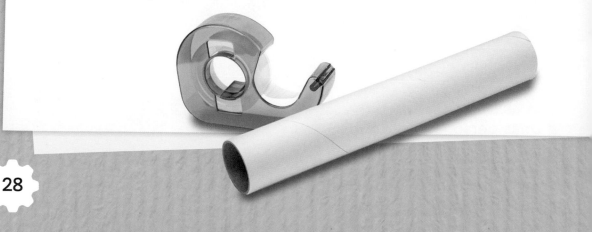

Investiga y piensa ideas

¿Por qué los seres humanos necesitan luz y oscuridad? ¿Por qué las personas pueden necesitar espacios con sombra en el círculo polar ártico?

Diseña y construye

Bosqueja tu visera. ¿Qué propósito cumple cada parte? ¿Cuáles son los materiales que mejor funcionarán? Construye el modelo.

Prueba y mejora

Dale la visera a un amigo. Pídele que haga ejercicios sencillos, como dar saltos o trotar en el lugar. ¿Se mantuvo entera la visera? ¿Protegió la cara de tu amigo? Mejora tu diseño y vuelve a intentarlo.

Reflexiona y comparte

¿Cuáles fueron los materiales que mejor funcionaron? ¿Cómo podrías modificar tu diseño si quisieras crear una gorra entera en lugar de una visera?

Glosario

crepúsculo: el momento en que el día está por terminar, pero antes de que comience la noche

eje: una línea imaginaria sobre la que gira la Tierra

elíptica: con forma de óvalo

festivales: eventos o épocas especiales en los que las personas se reúnen para celebrar

órbita: el camino curvo que sigue un objeto mientras gira alrededor de algo

polo: cada uno de los dos extremos de la Tierra

positivas: alegres o contentas

rota: gira en círculos

terapia: tratamiento de la mente o el cuerpo

Índice

Consejos profesionales
del Smithsonian

¿Quieres resolver los problemas que tiene la gente en los casos extremos de luz solar?

Estos son algunos consejos para empezar.

"Estudio cómo la luz solar afectaba a las personas hace mucho tiempo. Los ingenieros usan mi investigación para resolver los problemas que la gente tiene hoy en día. ¡Tú puedes leer sobre el pasado para resolver problemas de hoy!". **—Bill Fitzhugh, arqueólogo**

"Es importante estudiar cómo la luz solar afecta a las cosas en la Tierra. Una vez que entiendes esos efectos, puedes empezar a diseñar soluciones para las personas". **—Doug Herman, geógrafo superior**